Derechos de los animales y su protección jurídica en México

10 preguntas y respuestas que todos debemos conocer

Gabino Guadalupe Ríos Geraldo

Dedicatoria

A mi sr padre, don José Ríos Sanchez, quien nos enseñó a sus hijas e hijos, el amor y cuidado a los animales desde siempre.

A mi hermana Verónica, quien en vida respeto y entrego su amor a los animales, brindándoles también refugio y protección durante toda su vida.

A Wendy Natacha, más que nuestra mascota, un integrante de la familia.

Contenido

Introducción 1

Pregunta 1. ¿Qué concepto puedo utilizar para referirme a la violencia contra los animales? 5

Pregunta 2. ¿Existe alguna forma de medir el grado de violencia hacia un animal? 8

Pregunta 3. ¿Existe alguna norma internacional que sirva de base a los países para regular la protección jurídica a los animales? 10

Pregunta 5. ¿Existe un día para celebrar mundialmente e internacionalmente a los animales? 20

Pregunta 6. ¿Existe algún país que sea considerado como el que más protege a los animales? 23

Pregunta 7. En México, ¿Contamos con leyes que dan protección a los animales? 25

Pregunta 8. ¿Las diferentes entidades del país, han regulado el tema de protección de los derechos de los animales? 31

Pregunta 9. ¿El maltrato animal está penalizado? Es decir, si veo a una persona que maltrata o mata a un animal ¿Puedo denunciarlo? 46

Pregunta 10. ¿El INEGI realiza algún tipo de encuesta en relación al tema de empatía hacia los animales en México? 61

Recomendaciones generales 66

A modo de conclusion 71

Acerca del autor 74

"La protección jurídica que se otorga a los animales, es, desde mi punto de vista, un derecho que se han ganado, pues desde siempre han acompañado a los seres humanos en sus diferentes actividades de la vida diaria"

Gabino Gpe Ríos Geraldo

Introducción

¿En cuántas ocasiones le ha toca ver situaciones muy desagradables respecto al trato que reciben los animales?

Estoy seguro que a muchas personas, al leer la pregunta anterior, le han venido a la mente diversos contextos muy desagradables.

Por ejemplo, la imagen del vecino o vecina que deja a su perro amarrado todo el día en el sol, y además con una gruesa cadena. Para algunas personas vino a su mente quizás, la imagen de una nota de prensa que leyó, en la cual unos gallos de pelea después de perder, fueron sacrificados o simplemente a alguien le vino a la mente un toro lleno de heridas hechas por el torero. Cada imagen tendrá que ver con la experiencia de cada persona.

Son tantas las imágenes que pueden llegarnos a la mente cuando escuchamos "maltrato animal".

Estimada lectora y estimado lector, tienes hoy en tus manos un libro practico en el cual, con un lenguaje sencillo, te explicare, el marco jurídico que versa sobre la protección de animales en México.

No pretendo que sea un libro aburrido, donde únicamente haga referencia a leyes y más leyes o información de gobierno que muchas veces es falsa. Vamos a platicar sobre este tema con referencia a notas de prensa, con referencias a leyes etc., algunos datos.

Tal vez te preguntes: ¿De qué me sirve a mi leer este libro? Bueno, en primera, vamos a charlar sobre este tema. Y en segunda conoceremos sobre el marco jurídico que protege a los animales en México, tomaremos como referencia a la mejor, a los perritos que son los más comunes.

Imagíne usted, que va caminando por la calle y observa a un hombre en un taller mecánico maltratando a su perro. Y usted se dirige al tipo: oiga, porque tiene a su perro con tremenda cadena tan pesada y bajo esas condiciones climáticas tan fuertes para el pobre animal.

Entonces el tipo muy enojado le contesta: ¡no se meta! Mi perro es para cuidar y no para jugar con él. ¿Qué haría usted? ¿Se da la media vuelta y se aleja? ¿Es verdad lo que el tipo dijo?

Aquí encontraremos las respuestas. Descubriremos que existen diferentes clasificaciones de animales, como por ejemplo de carga, de asistencia, de mascotas etc.

Crecí en una familia en la que los animales, son respetados y amados. Y como en muchas familias pues los caninos son nuestras mascotas principalmente y reciben cariño y respeto, lamentablemente no todos los animales corren la misma suerte.

Quiero decirte lector y lectora, que el tema es muy amplio, vamos a centrarnos en México, porque quiero de forma general, que aprendamos lo básico para poder proteger a los animales.

No es un libro técnico. No es un libro científico. Es un cuestionario practico. Deseo que les parezca sencillo y agradable a la lectura. Si usted ve, por ejemplo, una situación que no le parezca agradable sobre maltrato animal, aquí espero encuentre la respuesta y el fundamento para denunciar.

A veces, cuando escuchamos "protección de animales" pensamos muchas veces solamente en perros y gatos, porque tal vez son los mas comunes en la clasificación De mascotas, pero, sin embargo, nos referimos a todo el animal, vacas, osos, perros, gatos, etc.

Es decir, tanto al que es de mascota, como el que es de trabajo el destinado para alguna actividad de producción como lo es una vaca, por ejemplo.

Una sociedad más informada, la convierte en muchas ocasiones en una sociedad más participativa. Esa es la intensión de este libro, informar, y aunque soy maestro en derecho, quise utilizar un lenguaje sencillo y entendible.

Agradezco a Kindle Direct Publishing, por permitirme llegar a mis lectores en Amazon, ojalá les agrade el libro y les sirva como una referencia, una guía, en el tema de la protección de los animales.

Te saludo con mucho gusto, y espero que este libro sea de gran utilidad para todos y todas.

Pregunta 1. ¿Qué concepto puedo utilizar para referirme a la violencia contra los animales?

La violencia podemos definirla como un acto intencional que puede ser único o recurrente y cíclico, dirigido a dominar, controlar, agredir o lastimar a otros. Esta puede escalar y convertirse en crueldad, que es una respuesta emocional de indiferencia o la obtención de placer en el sufrimiento o dolor de otros[1].

Si juntamos estas definiciones, concluimos que el maltrato animal es un acto que comprende una gama de comportamientos que causan dolor innecesario, sufrimiento o estrés al animal. Estos van desde la negligencia en los cuidados básicos hasta el asesinato malicioso e intencional.

Resulta muy interesante este concepto porque, aunque muy general, puede darnos una idea al momento de ver una situación que involucre daños a un animal. Veamos unos ejemplos que nos pueden dar una marcada referencia para dejar claro esta definición.

Una persona tiene un taller mecánico. En la parte de atrás del taller tiene encadenado un perro donde es notable que la inclemencia del clima le afecta de manera negativa y más aún, se observa el descuido del dueño. Usted observa esta situación, y le expresa al dueño que no está de acuerdo con la forma en que trata al perro, por lo que le sugiere usted, que lo coloque en una sombra y con una cadena menos pesada.

---

[1] Fuente: Gaceta del Senado JUEVES 08 DE DICIEMBRE DE 2016 / GACETA: LXIII/2PPO-66/67907

El dueño puede responder de varias formas, pero escogeremos una para efecto de ilustrar nuestro ejemplo: la respuesta de él es **"usted no se meta en mis asuntos, el perro no es mascota es para que cuide y ataque a los rateros"**

Usted puede denunciar este acto ante autoridades. Que no le quede duda de eso. Más adelante tocaremos este tema de las denuncias. Pero lo que el dueño le hace a su perro, es una agresión intencional que lastima al canino. No importa el uso del perro, si es mascota o es de competencia o es para que cuide, el perro tiene derechos. La ley lo protege.

Estos temas los veremos de forma específica en otras respuestas, más adelante.

Pregunta 2. ¿Existe alguna forma de medir el grado de violencia hacia un animal?

La respuesta a esta pregunta, es Sí. Las leyes establecen los grados de violencia, de maltrato, de crueldad hacia un animal.

Desde la perspectiva de muchas personas, la violencia puede ser de un grado mayor o menor, para algunos lo que es muy grave para otros no lo es tanto. Lo que debe quedarnos claro sin lugar a dudas, es que, ningún grado de violencia debe ser aceptable.

Es triste ver notas como la siguiente:

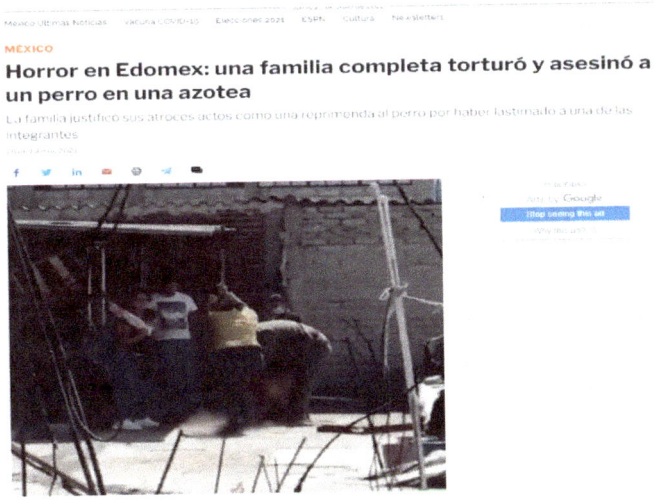

La familia justificó sus atroces actos como una reprimenda al perro por haber lastimado a una de las integrantes[2].

---

[2] Publicado en: https://www.infobae.com/america/mexico/2021/07/26/horror-en-edomex-una-familia-completa-torturo-y-asesino-a-un-perro-en-una-azotea/

Pregunta 3. ¿Existe alguna norma internacional que sirva de base a los países para regular la protección jurídica a los animales?

La respuesta es Sí. Es una Declaración. Esta Declaración fue adoptada por la Liga Internacional de los Derechos del Animal en 1977, que la proclamó al año siguiente. Posteriormente, fue aprobada por la Organización de Naciones Unidas (ONU) y por la Organización de las Naciones Unidas para la Educación, la Ciencia y la Cultura (UNESCO).

Por la importancia que tiene esta Declaración, me permito transcribirla a continuación:

DECLARACIÓN UNIVERSAL DE LOS DERECHOS DEL ANIMAL[3]

Preámbulo

Considerando que todo animal posee derechos.

Considerando que el desconocimiento y desprecio de dichos derechos han conducido y siguen conduciendo al hombre a cometer crímenes contra la naturaleza y contra los animales.

Considerando que el reconocimiento por parte de la especie humana del derecho a la existencia de las otras especies de animales constituye el fundamento de la coexistencia de las especies en el mundo.

---

[3] Texto definitivo de la Declaración Universal de los Derechos del Animal, adoptado por la Liga Internacional de los Derechos del Animal y por las Ligas Nacionales afiliadas tras la 3º Reunión sobre los derechos del Animal, Londres, 21 al 23 de setiembre de 1977. La declaración proclamada el 15 de octubre de 1978 por la Liga Internacional, las Ligas Nacionales y las personas físicas asociadas a ellas, fue aprobada por la Organización de las Naciones Unidas para la Educación, la Ciencia y la Cultura (UNESCO) y, posteriormente, por la Organización de las Naciones Unidas (ONU).

Considerando que el hombre comete genocidio y existe la amenaza de que siga cometiéndolo.

Considerando que el respeto del hombre hacia los animales está ligado al respeto de los hombres entre ellos mismos.

Considerando que la educación implica enseñar, desde la infancia, a observar, comprender, respetar y amar a los animales.

Proclamamos lo siguiente:

Artículo 1º
Todos los animales nacen iguales ante la vida y la tienen los mismos derechos a la existencia.

Artículo 2º
a) Todo animal tiene derecho a ser respetado.
b) El hombre, en tanto que especie animal, no puede atribuirse el derecho a exterminar a los otros animales o explotarlos violando su derecho. Tiene la obligación de poner sus conocimientos al servicio de los animales.
c) Todos los animales tienen derecho a la atención, a los cuidados y a la protección del hombre.

Artículo 3º
a) Ningún animal será sometido a malos tratos ni a actos crueles.

b) Si la muerte de un animal es necesaria, debe ser instantánea, indolora y no generadora de angustia.

Artículo 4ª
a) Todo animal perteneciente a una especie salvaje, tiene derecho a vivir en libertad en su propio ambiente natural terrestre, aéreo o acuático y a reproducirse.
b) Toda privación de libertad, incluso aquella que tenga fines educativos, es contraria a este derecho.

Artículo 5º
a) Todo animal perteneciente a una especie que viva tradicionalmente en el entorno del hombre, tiene derecho a vivir y crecer al ritmo y en las condiciones de vida y de libertad que sean propias de su especie.

b) Toda modificación de dicho ritmo o dichas condiciones que fuera impuesta por el hombre, es contraria a dicho derecho.

Artículo 6º
a) Todo animal escogido por el hombre como compañero tiene derecho a que la duración de su vida sea conforme a su longevidad natural.
b) El abandono de un animal es un acto cruel y degradante.

Artículo 7º
Todo animal de trabajo tiene derecho a una limitación razonable del tiempo e intensidad de trabajo, a una alimentación reparadora y al reposo.

Artículo 8º
a) La experimentación animal que implique sufrimiento físico o psicológico es incompatible con los derechos del animal, ya se trate de experimentos médicos, científicos, comerciales, o de cualquier otra forma de experimentación.

b) Las técnicas alternativas de experimentación deben ser utilizadas y desarrolladas.

Artículo 9º
Los animales criados para la alimentación deben ser nutridos, alojados, transportados y sacrificados sin causarles ni ansiedad ni dolor.

Artículo 10º
a) Ningún animal será explotado para esparcimiento del hombre.
b) Las exhibiciones de animales y los espectáculos que se sirvan de ellos son incompatibles con la dignidad del animal.

Artículo 11º
Todo acto que implique la muerte innecesaria de un animal es un biocidio, es decir, un crimen contra la vida.

Artículo 12º
a) Todo acto que implique la muerte de un gran número de animales salvajes es un genocidio, es decir, un crimen contra la especie.
b) La contaminación y la destrucción del ambiente natural conducen al genocidio.

Artículo 13º
a) Un animal muerto debe ser tratado con respeto.
b) Las escenas violentas en las que haya víctimas animales deben ser prohibidas en el cine y en la televisión, a no ser que su objetivo sea denunciar los atentados contra los derechos del animal.

Artículo 14º

a) Los organismos de protección y salvaguarda de los animales deben ser representados a nivel gubernamental.

b) Los derechos del animal deben ser defendidos por la ley, al igual que los derechos del hombre.

En atención a esta Declaración, podemos decir que resulta muy interesante conocerla porque si te das cuenta estimada lectora y estimado lector, cada uno de sus artículos declaran en específico un derecho. Ahora bien, esta Declaración por sí sola no es obligatoria para su cumplimiento, debe ser aceptada y ratificada por los países, después trasladarlas en leyes específicas.

Por ejemplo, en México tenemos muchas leyes que protegen a los animales. Pero siempre debe existir en materia jurídica algo que motive que, de vida a la legislación en una materia, en esta materia tenemos esta declaración.

La Constitución Política de los Estados Unidos Mexicanos, nos ha quedado a deber bastante en esta materia. A pesar de algunas iniciativas por reformar la fracción XXIX-G del artículo 73.

Este artículo en sí, hace referencia a las facultades el Congreso de la Unión, y la fracción solo refiere lo siguiente *"**XXIX-G**. Para expedir leyes que establezcan la concurrencia del Gobierno Federal, de los gobiernos de las entidades federativas, de los Municipios y, en su caso, de las demarcaciones territoriales de la Ciudad de México, en el ámbito de sus respectivas competencias, en materia de protección al ambiente y de preservación y restauración del equilibrio ecológico". Fracción adicionada DOF 10-08-1987. Reformada DOF 29-01-2016*

Pregunta 4. Me ha tocado escuchar sobre la Agenda 2030, ¿Pero tiene relación con la protección jurídica a los animales?

La respuesta es Sí.

En septiembre de 2015, 193 jefes de Estado y de Gobierno se reunieron en la Sesión 70 de la Asamblea General de las Naciones Unidas, en la cual se aprobó la Agenda 2030 para el Desarrollo Sostenible.

Esta Agenda contiene 17 objetivos y 169 metas de aplicación universal que, desde el 1 de enero de 2016, rigen los esfuerzos de los países para lograr un mundo sostenible para el año 2030.

Agenda 2030 reconoce que la erradicación de la pobreza en todas sus formas y dimensiones, incluida la pobreza extrema, es el mayor desafío que enfrenta el mundo, y constituye un requisito indispensable para el desarrollo sostenible.

Construida a nivel global mediante un amplio proceso de consulta, la Agenda promueve la inclusión participativa de cada uno de los sectores de la sociedad. Los Objetivos de Desarrollo Sostenible (ODS) definen prioridades de desarrollo sostenible a nivel mundial y las aspiraciones para el 2030 y buscan movilizar los esfuerzos a nivel global en torno a un conjunto de objetivos y metas comunes.

Los ODS hacen un llamado a la acción entre gobiernos, empresas y sociedad civil, para poner fin a la pobreza y crear una vida digna y de oportunidades para todos, dentro de los límites del planeta.

México y cada una de las entidades federativas del país, pueden trabajar con los objetivos de la Agenda 2030. Por ejemplo, con inclusión de políticas públicas, en materia de salud etc.

La "Agenda 2030 para el Desarrollo Sostenible", es un plan de acción global a favor de las personas, el planeta y la prosperidad que también tiene la intención de fortalecer la paz universal y el acceso a la justicia, en Igualdad Animal de la mano de nuestra organización hermana Alianza Alimentaria y Acción Climática estamos trabajando para urgir a los distintos gobiernos e instituciones que se comprometan a modificar los sistemas alimentarios tanto locales como globales, los cuales se basen en dietas sostenibles donde se da prioridad al bienestar animal.

El bienestar animal no debe ser excluido de las agendas para el cumplimiento de los Objetivos de Desarrollo Sostenible, la Agenda 2030 debe ser un mecanismo que también visibilice la urgente necesidad de transformar el sistema alimentario actual que hoy, ya es insostenible[4].

La Agenda 2030, es na oportunidad que tienen lo sgobiernos del mundo en todos sus niveles, para implementar politicas publicas encaminas a un objetivo: cuidar, respetar la vida animal.

---

[4] Tomado de un excelente artículo publicado en https://www.noroeste.com.mx/colaboraciones/no-hay-agenda-2030-sin-proteccion-a-los-animales-AK1158064.

Para concluir este tema, dicen que una imagen dice más que mil palabras, veamos esta imagen tomada de internet:

Hace años mire en televisión un documental en el que había referencia que esta técnica de perforación para analizar la forma en que las vacas procesan sus alimentos, me molesto mucho escuchar que decían que no lastimaban y que no sufría dolor el animal.

Después de años y con el levantamiento de voces de la sociedad civil se trabaja para que esto ya no suceda. Eso busca la agenda 2030, proteger a los animales

Pregunta 5. ¿Existe un día para celebrar mundialmente e internacionalmente a los animales?

La respuesta es Sí. Aunque muchas especies tienen su día en específico, la raza animal tiene sus días festivos. Veamos lo siguiente[5]:

El **4 de octubre** se celebra el Día Mundial de los Animales, una fecha promovida por la Organización Mundial de Protección Animal, con el objetivo de frenar la extinción de muchas especies.

El **10 de diciembre** se celebra el Día Internacional de los Derechos Humanos, pero también desde 1997 se celebra por parte de diversas organizaciones y asociaciones de protección animal el Día Internacional de los Derechos de los Animales, realizándose actos en muchas ciudades del mundo para concienciar y reflexionar sobre el respeto que se debe tener hacia todos los seres del planeta, dando así valor a la famosa frase de Mahatma Gandhi cuando dijo que un país o civilización se puede juzgar en la forma en la que tratan a sus animales.

Ahora bien. También es importante decir que para muchas personas estos días pasan desapercibidos o no saben que existen. Pero es importante conocerlos.

Gracias a la celebración de estos días, tanto la sociedad civil organizada como instituciones de gobierno en todo el mundo, realizan programas de difusión o firman acuerdos o leyes, documentos normativos o cartas de intención que fortalecerán el cuidado y protección de los animales dentro de un marco jurídico firme.

---

[5] Consultado en:
https://www.diainternacionalde.com/ficha/dia-internacional-derechos-animales,
https://www.diainternacionalde.com/ficha/dia-mundial-de-los-animales

Los perros son considerados los mejores amigos del hombre desde incontables años atrás. Por ello, el 21 de julio se creó desde el año 2004 un día para celebrar a nuestros peluditos amigos, esto con el fin de hacer conciencia sobre el abandono y adopción de esta especie, ya que, de acuerdo a la OMS, existen más de 300 millones de perros en el mundo y el 70 por ciento de no tienen hogar[6].

En este sitio web https://www.diainternacionalde.com/temas/animales, podrás conocer más sobre fechas específicas.

---

[6] Tomado de: https://www.marca.com/claro-mx/trending/2021/07/21/60f773e1268e3e4a298b465d.html

Pregunta 6. ¿Existe algún país que sea considerado como el que más protege a los animales?

La respuesta es Sí. De acuerdo con el artículo publicado [7] por Susan Misicka el 26 de enero de 2020, "Únicamente Suiza protege a nivel constitucional la dignidad de los animales.

Otros países, como Liechtenstein y Corea del Sur, han consagrado, hasta cierto punto, la dignidad de los animales en sus leyes".

---

[7] Publicado en: https://www.swissinfo.ch/spa/bienestar-animal_c%C3%B3mo-protege-suiza-a-los-animales/45507874

Pregunta 7. En México, ¿Contamos con leyes que dan protección a los animales?

La respuesta es Sí. Gracias al trabajo conjunto entre la sociedad civil organizada y el trabajo de los legisladores tanto federales como en las entidades federativas, se ha logrado conformar un gran marco jurídico en materia de protección de animales.

Existen leyes federales, normas oficiales mexicanas, existen en las entidades federativas del país, diversa legislación.

En México tenemos diferentes ordenamientos y cada uno de ellos tiene un nivel. Por ejemplo, si usted observa que un animal, desde su punto de vista es maltratado y desea informarse más sobre el tema jurídico, puede consultar el marco jurídico. Puede ser nacional, local o municipal.

1) La Ley de Sanidad Animal;

2) La Ley General de Vida Silvestre;

3) La Ley General Equilibrio Ecológico y Protección al Ambiente; y

4) El Código Penal Federal.

Es decir, la legislación federal ya se considera tutelar a los animales como sujetos de protección; ya sea para salvaguardarlos de su posible extinción (Ley General de Vida Silvestre), del sufrimiento innecesario (Ley de Sanidad Animal), como parte de los ecosistemas y el medio ambiente (Ley General del Equilibrio Ecológico y Protección al Ambiente), o de su utilización en espectáculos de confrontación entre animales para la satisfacción de instintos violentos y obtención de un lucro indebido de sus captores (Código Penal Federal).

Veamos algunos ejemplos de legislaciones en México:

A nivel federal[8]:

LEY FEDERAL DE SANIDAD ANIMAL. Ley publicada en el Diario Oficial de la Federación el 25 de julio de 2007. Última reforma publicada DOF 11-05-2022.

Tiene por objeto fijar las bases para: el diagnóstico, prevención, control y erradicación de las enfermedades y plagas que afectan a los animales; procurar el bienestar animal. También es importante decir, que estipula sanciones y multas a los infractores de esta Ley.

LEY GENERAL DE VIDA SILVESTRE. Ley publicada en el Diario Oficial de la Federación el 3 de julio de 2000. Última reforma publicada DOF 20-05-2021.

Su objeto es establecer la concurrencia del Gobierno Federal, de los gobiernos de los Estados y de los Municipios, en el ámbito de sus respectivas competencias, relativa a la conservación y aprovechamiento sustentable de la vida silvestre y su hábitat en el territorio de la República Mexicana y en las zonas en donde la Nación ejerce su jurisdicción. También estipula sanciones a quien no cumpla la ley.

---

[8] Consultar leyes federales en: https://www.diputados.gob.mx/LeyesBiblio/index.htm

También existen **Normas Oficiales Mexicanas** Vigentes en Materia de Bienestar Animal [9]. Veamos algunas:

- **NOM-012-ZOO-1993** Especificaciones para la regulación de productos químicos, farmacéuticos, biológicos y alimenticios para uso en animales o consumo por estos.

- **NOM-022-ZOO-1995** Características y especificaciones zoosanitarias para las instalaciones, equipo y operación de establecimientos que comercializan productos químicos, farmacéuticos, biológicos y alimenticios para uso en animales o consumo por éstos.

- **NOM-023-ZOO-1995** Identificación de especie animal en músculo de bovinos, ovinos, equinos, porcinos y aves, por la prueba de inmunodifusión en gel.

- **NOM-024-ZOO-1995** Especificaciones y características zoosanitarias para el transporte de animales, sus productos y subproductos, productos químicos, farmacéuticos, biológicos y alimenticios para uso en animales o consumo por éstos.

- **NOM-025-ZOO-1995** Características y especificaciones zoosanitarias para las instalaciones, equipo y operación de establecimientos que fabriquen productos alimenticios para uso en animales o consumo por éstos.

- **NOM-026-ZOO-1994** Características y especificaciones zoosanitarias para las instalaciones, equipo y operación de establecimientos que fabriquen productos químicos, farmacéuticos y biológicos para uso en animales.

---

[9] Consultar en: http://apasdem.org/wp-content/uploads/2019/10/Listado-NOM-bienestar-animal-2018-para-sitio.pdf

- **NOM-027-ZOO-1995** Proceso zoosanitario del semen de animales domésticos. Normas Vigentes al 2018. Consultado en www.apasdem.org

- **NOM-030-ZOO-1995** Especificaciones y procedimientos para la verificación de carne, canales, vísceras y despojos de importación en puntos de verificación zoosanitaria.

- **NOM-031-ZOO-1995** Campaña Nacional contra la Tuberculosis Bovina (Mycobacteriumbovis).

- **NOM-033-SAGZOO-2014** Métodos para dar muerte a los animales domésticos y silvestres.

- **NOM-040-ZOO-1995** Especificaciones para la comercialización de sales puras antimicrobianas para uso en animales o consumo por éstos.

- **NOM-041-ZOO-1995** Campaña Nacional contra la Brucelosis en los Animales.

- **NOM-045-ZOO-1995** Características zoosanitarias para la operación de establecimientos donde se concentren animales para ferias, exposiciones, subastas, tianguis y eventos similares.

- **NOM-046-ZOO-1995** Sistema Nacional de Vigilancia Epidemiológica.

- **NOM-051-ZOO-1995** Trato humanitario en la movilización de animales.

- **NOM-054-ZOO-1996** Establecimiento de cuarentenas para animales y sus productos.

- **NOM-056-ZOO-1995** Especificaciones técnicas para las pruebas diagnósticas que realicen los laboratorios de pruebas aprobados en materia zoosanitaria Normas Vigentes al 2018. Consultado en www.apasdem.org.

- **NOM-057-ZOO-1997** Método de prueba para la evaluación de efectividad en acaricidas para el control de la varroa.

- **NOM-059-ZOO-1997** Salud Animal. Especificaciones de productos químicos, farmacéuticos, biológicos y alimenticios para uso en animales o consumo por éstos. Manejo técnico del material publicitario.

- **NOM-060-ZOO-1999** Especificaciones zoosanitarias para la transformación de despojos animales y su empleo en la alimentación animal.

- **NOM-061-ZOO-1999** Especificaciones de los alimentos para consumo animal.

- **NOM-062-ZOO-1999** Especificaciones técnicas para la producción, cuidado y uso de los animales de laboratorio.

- **NOM-064-ZOO-2000** Lineamientos para la clasificación y prescripción de los productos farmacéuticos veterinarios por el nivel de riesgo de sus ingredientes activos.

- **NOM-067-ZOO-2007** Campaña nacional para la prevención y control de la rabia en bovinos y especies ganaderas

Pregunta 8. ¿Las diferentes entidades del país, han regulado el tema de protección de los derechos de los animales?

Claro que Sí. De hecho, en los últimos años se ha realizado un gran trabajo de forma conjunta con las organizaciones civiles que trabajan en pro de los derechos de los animales.

Algunas trabajan de manera específica con ciertas clases, pero en general se han podido en muchos Estados de la República Mexicana, redactar y presentar leyes que fueron aprobadas por los H. Congresos de los Estados.

Vamos a extendernos un poco en este tema, si ustedes me lo permiten.

Miren, es importante comentar que el trabajo de las organizaciones civiles organizadas, ha resultado de gran impacto que en cada Estado de la republica mexica, se mueven para promover que se legisle en la materia.

Aunque tienen presencia en todos los Estados de la República, los grupos de apoyo y promoción a los derechos de los animales, hay entidades federativas, en las que, algunos de sus municipios no se ha logrado tener grupos como tal, aunque los trabajos a distancia también han ayudado mucho.

Sin duda el trabajo que desarrollan los grupos, organizaciones civiles, personas en lo individual, es un trabajo muy noble.

El avance que se tenga en este tema, va depender mucho de la legislación local, del interés de las comisiones conformadas por legisladoras y legisladores.

No podemos dejar sin mencionar, el impacto tan grande de forma positiva, que han tenido las redes sociales al momento de difundir actos, denuncias etc., y también el buen trato a estos seres tan maravillosos.

Sabemos que la división política de México se compone de 32 entidades federativas: Aguascalientes, Baja California, Baja California Sur, Campeche, Coahuila, Colima, Chiapas, Chihuahua, Durango, Distrito Federal, Guanajuato, Guerrero, Hidalgo, Jalisco, México, Michoacán, Morelos, Nayarit, Nuevo León, Oaxaca, Puebla, Querétaro, Quintana Roo, San Luis Potosí, Sinaloa, Sonora, Tabasco, Tamaulipas, Tlaxcala, Veracruz, Yucatán, y Zacatecas.

De todas estas 32 entidades federativas, excepto una, Oaxaca, cuentan de forma específica con una ley que protege a los animales.

No vamos a revisar cada una de las Leyes de cada entidad federativa, porque entonces tendría que hacer muy extenso el presente trabajo, pero si quiero informarte estimada lectora y estimado lector, que cada una de ellas cuentan con legislación.

Pero si es importante mencionar, para quien desee entrar de lleno al estudio del tema de forma específica en un Estado de la República Mexicana, tendría que considerar, por ejemplo:

1). ¿En qué año fue publicada La Ley? y si tiene reformas actuales, 2), ¿En qué grado legisla el tema? es decir, ¿Lo trata como protección total o simplemente preventiva? sin incluir penas o sanciones a quien los lastime, 3). Establece dependencias encargadas para atender el tema.

Los anteriores como ya lo dije, solo son algunos elementos para tomar en cuenta, claro.

En el caso específico del Estado de Oaxaca, no cuentan con una Ley de protección a los animales, pero el Código Penal del Estado en su artículo 419, estipula penas y multas para quien maltrate o tengas actos crueles contra los animales.

Es importante también, checar cada municipio o alcaldía y ver de qué forma protegen a los animales jurídicamente. Es decir, no simplemente basta con una Ley estatal, también de forma específica se debe regular este tema.

El caso de Baja California Sur.

El bello Estado de Baja California Sur, en el cual tengo la fortuna de haber nacido, crecido y estudiado y donde siempre he vivido, ha tenido grandes avances en la legislación protectora de animales, y deseo hacer unos comentarios en específico en este tema.

Las personas de mi Estado, son muy bellas, son amables y respetuosas, siempre nuestro Estado se ha caracterizado por eso. Pero lamentablemente los últimos años en que la población ha crecido bastante estos últimos 20 años y con ello pues se observan actos desagradables en el tema de maltrato animal.

El Estado de Baja California Sur cuenta con una Ley de Protección de los Animales Domésticos, la cual fue publicada en el Boletín Oficial del Gobierno del Estado el 20 de junio de 2013, es un texto vigente con una Última reforma publicada BOGE 31-07-2021

Dispone la Ley en su artículo 1, que es de observancia general en el Estado, y que sus disposiciones son de orden público e interés social. Este artículo menciona que el objeto de la Ley, es:

- **Proteger a los animales** que dependan o vivan bajo la tutela del ser humano, así como a cualquier animal, abandonado o feral que se encuentre de forma permanente o transitoria dentro del territorio del Estado de Baja California Sur y garantizar su bienestar;

- **Reconocer a los animales** domésticos, guía, guarda y protección, abandonados, de monta o ferales como seres vivos sensibles objeto de protección especial del derecho en términos de la presente ley y no como simples objetos o cosas susceptibles de apropiación y libre disposición.

- **Erradicar y sancionar el maltrato y actos de crueldad** hacia éstos y fomentar el respeto y consideración para con ellos;

- **Coadyuvar a la conservación** y el aprovechamiento sustentable de la vida silvestre, conforme a la legislación federal;

- **Coadyuvar en el cumplimiento de las disposiciones** establecidas en los planes ecológicos del Estado;

- **Apoyar la creación y funcionamiento de asociaciones** protectoras de animales, otorgándoles facilidades en sus enlaces con las autoridades educativas y sanitarias para el logro de sus fines; y

- **La regulación de las acciones** relativas a la vigilancia, medidas de seguridad, sanciones y del recurso de queja derivadas de esta ley.

Además, establece, que en todo lo no previsto en la presente ley, se aplicarán las disposiciones contenidas en la legislación federal en la materia.

Establece también en su artículo 2, que las autoridades sanitarias estatales y municipales están obligadas a vigilar y exigir el cumplimiento de las disposiciones contenidas en esta ley

En su artículo 3, nos proporciona algunas definiciones importantes:

- **Animal abandonado.** - Los animales que deambulen libremente por la vía pública sin placa de identidad u otra forma de identificación, así como aquellos que queden sin el cuidado o protección de sus propietarios o poseedores dentro de los bienes del dominio privado;

- **Animal doméstico.** - Los animales que dependan de un ser humano para subsistir y habite con este de forma regular, sin que exista actividad lucrativa de por medio;

- **Animal de guía.** - Caninos que son adiestrados con el fin de apoyar a las personas con discapacidad;

- **Animal de guardia y protección.** - Caninos que son entrenados para realizar funciones de vigilancia, protección o guardia, así como para ayudar a detectar estupefacientes, armas y explosivos;

- **Animal de monta.** - Equinos y asnales utilizados en deportes y recreación;

- **Animal feral.** - Los animales domésticos que por abandono se tornen silvestres y vivan en el entorno natural;

- **Mascota.** - Animal que sirve de compañía al ser humano, siempre y cuando no estén normados por leyes federales;

- **Sacrificio humanitario.** - La muerte provocada de animales, de manera rápida y sin dolor ni sufrimientos por medios físicos o químicos;

- **Vivisección.** - Cirugía experimental con fines pedagógicos o de investigación, que se practica a cualquier animal vivo;

- **Esterilización.** - Proceso quirúrgico que se practica a los animales para evitar su reproducción; y

- **Asociaciones protectoras de animales.** - Las instituciones de asistencia privada, organizaciones no gubernamentales y asociaciones civiles legalmente constituidas que se dedican a la protección de los animales.

Otro de los artículos importantes de esta ley, es el artículo 4, que establece cuales son **autoridades encargadas de la aplicación de esta ley** y exigir el cumplimiento de las disposiciones contenidas en ella, en el marco de sus respectivas competencias. Estas autoridades son la siguientes:

- El Poder Ejecutivo del Estado;
- La Secretaría de Salud del Estado;
- La Secretaría de Educación Pública; y
- Los ayuntamientos del Estado.

Estas autoridades son las responsables de que se aplique esta ley, sin embargo, en la práctica existe mucha deficiencia para dar cumplimento a la Ley.

Los poderes ejecutivos tanto estatal como el municipal, han emprendido acciones para abordar este tema junto con las asociaciones civiles que se han preocupado por este tema.

Además, en su artículo 5, establece cuales son los **organismos auxiliares** de las autoridades.

Esto organismos auxiliares son:

- El Comité Estatal Pro-Animal;
- Los comités municipales Pro-Animal;
- Las asociaciones civiles dedicadas a la protección de los animales, debidamente registradas;
- El Colegio de Médicos Veterinarios Zootecnistas y agrupaciones de profesionistas relacionados con la materia; y
- Las instituciones de educación superior públicas y privadas.

El Plan Estatal de Desarrollo del Estado de BCS.

El Gobierno del estado de Baja California sur, contempla en su Plan de Desarrollo para el periodo de 2021 al 2027. En su Eje IV. Infraestructura para todos, medio ambiente y sustentabilidad apartado IV.7. Protección de animales domésticos, establecieron lo siguiente:

> La relación entre bienestar animal, bienestar ambiental y desarrollo humano juega un papel crucial en la sustentabilidad y la salud planetaria global; por ello, la Agenda 2030 prevé que los países adopten modelos de desarrollo en los que se paute la existencia armónica persona-cultura-naturaleza, a través de la protección de especies, independientemente de su condición: silvestres, domésticas, amenazadas o no.

Armonizar la vida interespecies y prevenir la violencia adquiere sentido en el contexto de la sostenibilidad, así como en el ámbito de la salud mental, ya que el maltrato animal o crueldad con los animales puede ser indicador de otras violencias interpersonales, incluida la de género.

Son las asociaciones civiles las que se han encargado de llevar a cabo acciones para la toma de consciencia, cuidado de especies y control de poblaciones, demandando la acción concertada de las autoridades municipales.

Estas organizaciones que hacen esfuerzos por atender la problemática frecuentemente se topan con el desinterés de la población para atender a sus animales domésticos, así como con la apatía o incapacidad de acción de las autoridades para aplicar los recursos legales existentes; adicionalmente la falta de reglamentación actualizada que permita atender la vida de las especies en toda la extensión multifactorial de causas y consecuencias para la sociedad y el ambiente.

La alfabetización ambiental relacionada con la tenencia responsable de animales domésticos y el cumplimiento de la ley como en todo Estado de Derecho permitirá la asimilación de campañas de salud pública enfocadas en la vacunación y la esterilización. El conocimiento y comprensión de las sanciones existentes a que se puede hacer acreedora la persona al actuar en contra de los derechos garantizados en la Ley de Protección de Animales Domésticos, debe hacer que funcione la armonización de todas las formas en que actuamos sobre el medio ambiente.

Una sociedad responsable, más humanitaria y sensible respecto a los derechos de los animales tiene mayores posibilidades de bienestar y salud global.

Como **objetivo general** de este apartado en el Plan Estatal, se menciona el de Impulsar los derechos y cuidados de los animales domésticos, generando esquemas para promover una cultura que favorezca el bienestar animal en la sociedad sudcaliforniana, por medio de programas de difusión y educación, así como apoyos y acciones para sensibilizar a la población hacia el respeto y valoración de los animales.

Podemos leer algunos **objetivos específicos** como:

- Fomentar valores de responsabilidad y compromiso, tomando conciencia sobre el maltrato animal y promover mecanismos de denuncia.

- Fomentar los beneficios de la actividad de adopción, evitando la discriminación por tipo de raza y así reducir el índice de abandono animal

- Promover apoyos y programas para llevar a cabo campañas permanentes de salud animal, prevención y maltrato de mascotas.

Es importante comentarte estimada lectora y estimado lector, que cada entidad federativa debe publicar su Plan de Desarrollo.

En ese Plan se plasman una serie de temas que la administración en turno realizara durante todo su gobierno. Plasman los temas, objetivos y como los van a realizar y quien será el encargar de ejecutarlos.

Como les he comentado, yo les doy como ejemplo la entidad federativa en la que vivo, pero ustedes pueden buscar los temas de protección a los animales en los Plan Estatales y municipales de su entidad.

Planes Municipales de Desarrollo.

Lo mismo pasa a nivel municipal. Cada municipio debe desarrollar su Plan de Desarrollo Municipal. Por ejemplo, en Baja California Sur, uno de sus cinco municipios es La Paz, por cierto, voy a realizar un paréntesis para invitarlos a que viajen a Baja California Sur, nuestros cinco municipios son muy bellos, con gente tranquila y amable un clima muy limpio.

Bueno regresemos al Plan de Desarrollo Municipal del municipio de La Paz. En suplan de Desarrollo 2021-2021 publicado en https://lapaz.gob.mx/pmd-2021-2024, encontramos mucha deficiencia en este tema al momento de revisarlo.

Por ejemplo, únicamente hace referencia al tema de rastros sobre los cuidados que deben tenerse, peor no menciona sobre cómo van a evitar que el momento de ser sacrificado el animal, sea tratado con dignidad.

El Plan Municipal en mención, abarca el tema de animales domésticos, y encontramos lo siguiente:

I.6. Cuidado y atención a los animales domésticos

Mejorando los servicios para el levantamiento de los animales de tipo domésticos en situación de calle y las condiciones de las instalaciones donde se les brinda atención a la creciente demanda por este servicio.

Programa	Línea de acción	Periodo de ejecución					
		2022		2023		2024	
		1	6	1	6	1	6
I.6.1. Haciendo mascotas	Diseñar y difundir campañas de fomento a la cultura y cuidado de los animales domésticos y de producción.						
	Rehabilitar y dar mantenimiento a la infraestructura destinada para la atención y cuidado de animales del tipo doméstico en situación de calle.						

La tecnología y su uso en el tema. El Gobierno municipal de La Paz, puso a disposición de la ciudadanía en general una aplicación para denunciar el maltrato animal. Al respecto veamos la siguiente nota de prensa:

Publicada en: https://tribunadelapaz.com/

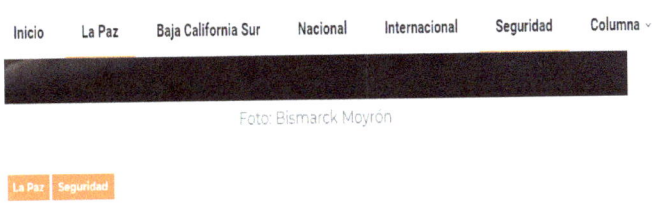

Foto: Bismarck Moyrón

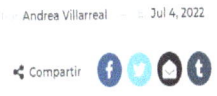

Ahora puedes reportar el maltrato animal a través de App La Paz

Se pueden denunciar faltas administrativas.

Andrea Villarreal   Jul 4, 2022

Compartir

Con el objetivo de incentivar la denuncia ciudadana, se habilitó en App La Paz un apartado que permite poner reportes de maltrato animal. Al respecto, el coordinador de Prevención del Delito y Justicia Cívica en La Paz, Jehú Vázquez Savín, detalló que muchas de las quejas que existen en este tema **suelen quedarse en redes sociales**, lo que **dificulta la intervención de las autoridades.**

"Hay muchos comentarios en redes. Vamos a cambiarle; en lugar de ponerlo en Facebook, lo vamos a poner en App La Paz porque en Facebook no se puede hacer nada. Solamente se hace público el problema, pero no se puede atender. En vez de ponerlo en Facebook, o si gustan ponerlo en redes sociales, pero además en App La Paz. Así le vamos a poder dar seguimiento a este asunto", puntualizó.

Pregunta 9. ¿El maltrato animal está penalizado? Es decir, si veo a una persona que maltrata o mata a un animal ¿Puedo denunciarlo?

La respuesta para esta pregunta es Sí.

Aunque va depender de cada entidad federativa, el **Código Penal Federal** que es de aplicación en toda la República Mexicana, establece lo siguiente:

CAPÍTULO SEGUNDO
De la biodiversidad

Capítulo adicionado DOF 06-02-2002

Artículo 417.- Se impondrá pena de uno a nueve años de prisión y de trescientos a tres mil días multa, al que introduzca al territorio nacional, o trafique con recursos forestales, flora o fauna silvestre viva o muerta, sus productos o derivados, que porten, padezcan o hayan padecido, según corresponda alguna enfermedad contagiosa, que ocasione o pueda ocasionar su diseminación o propagación o el contagio a la flora, a la fauna, a los recursos forestales o a los ecosistemas.

Artículo adicionado DOF 13-12-1996.
Reformado DOF 06-02-2002

Artículo 418.- Se impondrá pena de seis meses a nueve años de prisión y por equivalente de cien a tres mil días multa, siempre que dichas actividades no se realicen en zonas urbanas, al que ilícitamente:

I. Desmonte o destruya la vegetación natural;
II. Corte, arranque, derribe o tale algún o algunos árboles, o
III. Cambie el uso del suelo forestal.

La pena de prisión deberá aumentarse hasta en tres años más y la pena económica hasta en mil días multa, para el caso en el que las conductas referidas en las fracciones del primer párrafo del presente artículo afecten un área natural protegida.

Artículo adicionado DOF 13-12-1996.
Reformado DOF 06-02-2002

Artículo 419.- A quien ilícitamente transporte, comercie, acopie, almacene o transforme madera en rollo, astillas, carbón vegetal, así como cualquier otro recurso forestal maderable, o tierra procedente de suelos forestales en cantidades superiores a cuatro metros cúbicos o, en su caso, a su equivalente en madera aserrada, se impondrá pena de uno a nueve años de prisión y de trescientos a tres mil días multa. La misma pena se aplicará aun cuando la cantidad sea inferior a cuatro metros cúbicos, si se trata de conductas reiteradas que alcancen en su conjunto esta cantidad.

La pena privativa de la libertad a la que se hace referencia en el párrafo anterior se incrementará hasta en tres años más de prisión y la pena económica hasta en mil días multa, cuando los recursos forestales maderables provengan de un área natural protegida.

Artículo adicionado DOF 13-12-1996.

Reformado DOF 24-12-1996, 06-02-2002

Artículo 419 Bis.- Se impondrá pena de seis meses a cinco años de prisión y el equivalente de doscientos a dos mil días multa a quien:

I. Críe o entrene a un perro con el propósito de hacerlo participar en cualquier exhibición, espectáculo o actividad que involucre una pelea entre dos o más perros para fines recreativos, de entretenimiento o de cualquier otra índole;

II. Posea, transporte, compre o venda perros con el fin de involucrarlos en cualquier exhibición, espectáculo o actividad que implique una pelea entre dos o más perros;

III. Organice, promueva, anuncie, patrocine o venda entradas para asistir a espectáculos que impliquen peleas de perros;

IV. Posea o administre una propiedad en la que se realicen peleas de perros con conocimiento de dicha actividad;

V. Ocasione que menores de edad asistan o presencien cualquier exhibición, espectáculo o actividad que involucre una pelea entre dos o más perros, o

VI. Realice con o sin fines de lucro cualquier acto con el objetivo de involucrar a perros en cualquier exhibición, espectáculo o actividad que implique una pelea entre dos o más perros.

La sanción a que se hace mención en el párrafo anterior, se incrementará en una mitad cuando se trate de servidores públicos.

Incurre en responsabilidad penal, asimismo, quien asista como espectador a cualquier exhibición, espectáculo o actividad que involucre una pelea entre dos o más perros, a sabiendas de esta circunstancia. En dichos casos se impondrá un tercio de la pena prevista en este artículo.

Artículo adicionado DOF 22-06-2017

Artículo 420.- Se impondrá pena de uno a nueve años de prisión y por el equivalente de trescientos a tres mil días multa, a quien ilícitamente:

I. Capture, dañe o prive de la vida a algún ejemplar de tortuga o mamífero marino, o recolecte o almacene de cualquier forma sus productos o subproductos;

II. Capture, transforme, acopie, transporte o dañe ejemplares de especies acuáticas declaradas en veda;

II Bis. De manera dolosa capture, transforme, acopie, transporte, destruya o comercie con las especies acuáticas denominadas abulón, camarón, pepino de mar y langosta, dentro o fuera de los periodos de veda, sin contar con la autorización que corresponda, en cantidad que exceda 10 kilogramos de peso.

Fracción adicionada DOF 08-02-2006.
Reformada DOF 07-04-2017

III. Realice actividades de caza, pesca o captura con un medio no permitido, de algún ejemplar de una especie de fauna silvestre, o ponga en riesgo la viabilidad biológica de una población o especie silvestres;

IV. Realice cualquier actividad con fines de tráfico, o capture, posea, transporte, acopie, introduzca al país o extraiga del mismo, algún ejemplar, sus productos o subproductos y demás recursos genéticos, de una especie de flora o fauna silvestres, terrestres o acuáticas en veda, considerada endémica, amenazada, en peligro de extinción, sujeta a protección especial, o regulada por algún tratado internacional del que México sea parte, o

V. Dañe algún ejemplar de las especies de flora o fauna silvestres, terrestres o acuáticas señaladas en la fracción anterior.

Se aplicará una pena adicional hasta de tres años más de prisión y hasta mil días multa adicionales, cuando las conductas descritas en el presente artículo se realicen en o afecten un área natural protegida, o cuando se realicen con fines comerciales.

En los casos previstos en la fracción IV del presente artículo y la fracción X del artículo 2o. de la Ley Federal contra la Delincuencia Organizada, se impondrá la pena de cinco a quince años de prisión y el equivalente de tres mil a seis mil días multa cuando se trate de algún ejemplar, partes, derivados, productos o subproductos de la especie totoaba macdonaldi.

Párrafo adicionado DOF 19-02-2021
Artículo adicionado DOF 13-12-1996.
Reformado DOF 06-02-2002

Artículo 420 Bis.- Se impondrá pena de dos a diez años de prisión y por el equivalente de trescientos a tres mil días multa, a quien ilícitamente:

I. Dañe, deseque o rellene humedales, manglares, lagunas, esteros o pantanos;

II. Dañe arrecifes;

III. Introduzca o libere en el medio natural, algún ejemplar de flora o fauna exótica que perjudique a un ecosistema, o que dificulte, altere o afecte las especies nativas o migratorias en los ciclos naturales de su reproducción o migración, o

IV. Provoque un incendio en un bosque, selva, vegetación natural o terrenos forestales, que dañe elementos naturales, flora, fauna, los ecosistemas o al ambiente.

Se aplicará una pena adicional hasta de dos años de prisión y hasta mil días multa adicionales, cuando las conductas descritas en el presente artículo se realicen en o afecten un área natural protegida, o el autor o partícipe del delito previsto en la fracción IV, realice la conducta para obtener un lucro o beneficio económico.

Artículo adicionado DOF 06-02-2002

Veamos ahora, de nuevo el caso de Baja California Sur:

El **Código Penal para el Estado Libre y Soberano de Baja California Sur establece lo siguiente:**

TÍTULO VIGESIMO QUINTO
DELITOS EN CONTRA DE LOS ANIMALES DOMÉSTICOS
CAPÍTULO ÚNICO

Artículo 386. Maltrato de animal doméstico. Al que ilícitamente realice actos de maltrato o crueldad en contra de cualquier animal doméstico con la intención de ocasionarle dolor o sufrimiento, provocándole lesión o mutilación que no pongan en peligro la vida del animal, se le impondrán de seis meses a dos años de prisión y multa de cincuenta a cien días.

Si las lesiones ponen en peligro la vida del animal, las penas se incrementarán hasta en una tercera parte.

Si los actos de maltrato o crueldad provocan la muerte del animal, se impondrán de uno a tres años de prisión y multa de doscientos a cuatrocientos días.

Artículo 387. Agravantes. Las sanciones previstas en el artículo 386 se incrementarán hasta en una mitad en los supuestos siguientes:

I. Si se prolonga innecesariamente la agonía o el sufrimiento del animal;

II. Si se utilizan métodos de extrema crueldad; o

III. Si además de realizar los actos de maltrato o crueldad en contra de cualquier animal, el sujeto activo los capta en imágenes, fotografía o videograba para hacerlos públicos por cualquier medio.

Artículo 388. Maltrato de animal doméstico equiparado. Se impondrá de uno a tres años de prisión y multa de doscientos a cuatrocientos días a la persona que organice, promueva, difunda o realice una o varias peleas de perros, con o sin apuestas, o las permita en su propiedad.

Como profesional del derecho, puedo sugerirles ser muy cuidadoso al momento de presentar las denuncias correspondientes.

¿A qué me refiero? Bueno debemos tratar de darle a la autoridad correspondiente la mayor cantidad de elementos para que no deseche la denuncia.

Como ya lo he dicho en repetidas ocasiones, dependerá de cada entidad federativa la manera de proceder.

Por ejemplo, si vives en Baja California Sur en el municipio de La Paz, yo te recomendaría lo siguiente:

1. Denunciar ante el ministerio público.

Ellos están obligados a recibir tu denuncia o ayudarte a redactarla. No tienes que presentar escrita a computadora no te preocupes, puedes escribirla a mano, solo que sea entendible. No olvides colocar tus datos para cualquier información que se necesite.

2. Denuncia en redes Sociales.

Puedes denunciar los hechos de maltrato animal en redes sociales, solo cuida las formas de privacidad.

3. Presenta tu caso ante un Juzgado de Justica Cívica.

Presenta tu caso ante un juez cívico, ellos te apoyan paso a paso. Si la persona es culpable recibirá según el resultado: sanción penal, sanción administrativa como puede ser trabajo ante la comunidad o asistir a grupos de sensibilización del tema.

4. Buscar el apoyo de una asociación civil o grupo organizado.m Puedes buscar el apoyo de:

- El Comité Estatal Pro-Animal;

- Los comités municipales Pro-Animal;

- Las asociaciones civiles dedicadas a la protección de los animales, debidamente registradas;

- El Colegio de Médicos Veterinarios Zootecnistas y agrupaciones de profesionistas relacionados con la materia; y

- Las instituciones de educación superior públicas y privadas

Lamentablemente, a veces nos toca leer notas o ver en televisión situaciones de maltrato animal.

Estas situaciones se han vuelto común y para muchos pasan desapercibidos. Veamos algunas notas:

JUSTICIA / VIERNES 11 DE MARZO DE 2022

Justicia para Kimbo: dan tres años de cárcel al hombre que mató a perrito en Puebla

Un hombre identificado como Misael disparó contra Kimbo en diciembre de 2019

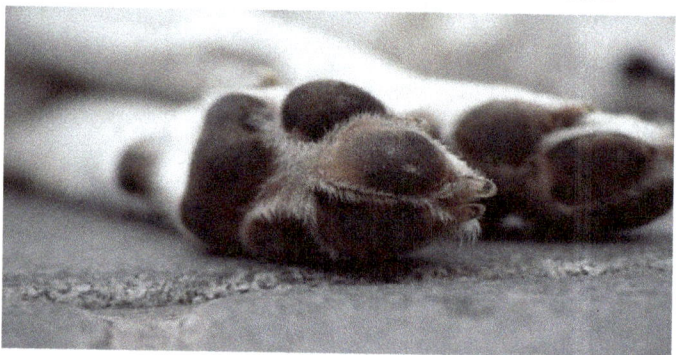

Es triste ver este tipo de encabezados en las noticias. El de la imagen que se presenta corresponde al publicado en el Sol de México[10].

El papel de una sociedad más informada y participativa, ha permitido llevar a prisión a las personas que cometen actos de violencia y crueldad contra los animales.

---

[10] Fuente: https://www.elsoldemexico.com.mx/republica/justicia/justicia-para-kimbo-dan-tres-anos-de-carcel-al-hombre-que-mato-a-perrito-en-puebla-7979603.html,

Veamos otra nota publicada en:
https://www.infobae.com/america/mexico/2022/05/13/empleado-de-cfe-asesino-a-una-perrita-con-un-desarmador-en-puebla/

"Un empleado de la Comisión Federal de Electricidad (CFE) mató a una perrita al enterrarle un desarmador en el cuello, en el municipio Santiago Momoxpan de Puebla. A pesar de que las autoridades arribaron al lugar, no fue detenido porque no cometió ningún delito, de acuerdo a la policía municipal.

La perrita, de la raza schnauzer, no sobrevivió a la agresión luego de que el trabajador de la Comisión la atacara con un desarmador. El incidente fue mostrado por vecinos de la zona a través de las redes sociales, mismos que llamaron a las autoridades para reportar la flagrancia del acusado."

Siguiente nota fue publicada en:

https://www.razon.com.mx/virales/hombre-mata-patada-perro-guia-mujer-invidente-456999

¿Motivo? Hacer el mal

#Justicia. Hombre mata de una patada al perro guía de una mujer invidente

En cuestión de segundos, el perrito perdió el conocimiento

Por ladrarle, hombre mata al perro de una mujer invidente **Foto: Especial/Captura**

Por **LA RAZÓN ONLINE** · 25/10/2021 15:52

Una mujer invidente estaba junto a su **perro** guía en un barrio de Caracas, Venezuela, y un hombre que pasó por ahí simplemente decidió matar de una patada al animal inocente.

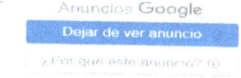

Todo quedó captado en video, y se observa cómo el perro simplemente se movió y le ladró al sujeto que, en el mayor acto de intolerancia y odio, y pese a la explicación de la **mujer**, decidió matarlo.

El perro perdió el conocimiento en cuestión de segundos y quedó acostado en el suelo junto a la otra víctima, la mujer con una discapacidad, que no pudo defenderse y ni siquiera saber exactamente qué pasó.

Pregunta 10. ¿El INEGI realiza algún tipo de encuesta en relación al tema de empatía hacia los animales en México?

La respuesta es Sí. La Encuesta Nacional de Bienestar Autorreportado 2021 (ENBIARE), publicada por el Instituto Nacional de Estadística y Geografía[11] contiene las siguientes secciones:

Empatía

Las preguntas sobre empatía tienen como objetivo saber el grado en que la persona se involucra con su entorno, así como la importancia que se le otorga a ciertos aspectos; es otra manera de ver qué tan activa o pasiva es la persona en su comunidad.

Esta variable indaga sobre tres acciones para la protección del medio ambiente o de la vida animal, cuyo periodo se limita a los últimos doce meses. Las respuestas aluden a 3 variables, veamos la que corresponde a nuestro tema:

1. Hacer algo para evitar el sufrimiento o abuso hacia los animales. Aquí se consideran acciones de denuncia de maltrato animal, enviar a un animal a un refugio o reportarlo para que lo rescaten, participar en asociaciones de protección de animales; así como acciones más directas como adoptar un animalito.

---

[11] Ver documento en:
https://www.inegi.org.mx/contenidos/productos/prod_serv/contenidos/espanol/bvinegi/productos/nueva_estruc/889463903529.pdf

Mascotas

Esta variable permite identificar si en el hogar del informante tiene mascotas, si es así da indaga sobre el número de mascotas que hay en el hogar, distinguiendo entre perro, gato y otro animal de compañía; son parte del hogar independientemente de quién dedica el tiempo a su cuidado o quién reconoce la propiedad de la mascota. La pregunta que se realiza es: ¿Tiene en casa…

1. perro?
2. gato?
3. otra mascota?

A cada respuesta afirmativa, se cuestiona cuántas son, por lo que adicionalmente, es posible contabilizar el número de mascotas en los hogares, y así saber cuántos perros, cuántos gatos, y cuántas otras mascotas hay en ellos.

¿Qué resultados se obtuvieron de esta encuesta?

En el comunicado de prensa NÚM. 772/21, de 14 de diciembre de 202, presenta INEGI resultados de la primera encuesta nacional de bienestar Autorreportado (ENBIARE) 2021[12]. Los resultados, arrojaron lo siguiente:

---

[12] Consultar documento en:
https://www.inegi.org.mx/contenidos/saladeprensa/boletines/2021/EstSociodemo/ENBIARE_2021.pdf

- La encuesta captó 85.7% de la población adulta con alguna manifestación de empatía con la vida no humana, esto es, ha hecho algo para evitar la crueldad o el sufrimiento animal y/o cuidar plantas y árboles en su entorno; en tanto que 73.4% declaró cohabitar con mascotas.

Figura 9. Población adulta por empatía con la vida no humana y cohabitación con mascotas.

- A nivel de hogares, 69.8% cuenta con algún tipo de mascotas. En total se tiene un acumulado de 80 millones de mascotas: 43.8 millones de ellas son caninos, 16.2 millones felinos y 20 millones una variedad miscelánea de otras mascotas pequeñas.

Figura 10. Hogares con mascotas y total de mascotas.

A nivel de hogares, 69.8% cuenta con algún tipo de mascotas (el porcentaje más alto se presenta en Campeche y el más bajo en la Ciudad de México).

En total se tiene un acumulado de 80 millones de mascotas, 43.8 millones de ellas son caninos, 16.2 millones felinos y 20 millones una variedad miscelánea de otras mascotas (figura 10).

Sin duda las mascotas son una presencia importante en la vida de los hogares mexicanos, aunque su significado en términos anímicos parece ser más compleja de lo que pudiera sugerir una mera asociación directa.

Recomendaciones generales

Recomiendo a las personas denunciar cualquier tipo de maltrato animal. No importa el grado que tenga, no debe permitirse ni tolerarse.

Si usted tiene conocimiento que, en un rastro estatal o municipal, son crueles con los animales al momento de sacrificarlos, ¡denúncielos!

Si usted conoce de un padre o madre o un tutor que esté a cargo de la crianza de niños o niñas, y estos les permiten llevar a cabo acciones o actos de crueldad por diversión, ¡denúncielos!

¡Trabaja usted en un centro de investigación en el cual están utilizando animales para prácticas y considera que hay acciones que son contrarias a la ley, denúncienlos!

Recuerde que hasta el cadáver de un animal debe ser tratado con respeto.

Participe cuando escuche usted que, en el Congreso de su estado, están reformando alguna ley en la materia de protección de animales, es un derecho que tiene y hay canales para participar.

Acérquese a las asociaciones civiles organizadas que protegen los derechos de los animales, ellos realizan trabajos en beneficio de la sociedad. Póngase en contacto con los de su comunidad.

Recuerde que, ahora sabe que existe normatividad que protege a los animales, no permita que la autoridad le diga lo contario.

Infórmese sobre los temas, solicite información pública, el gobierno está obligado a responderle.

Los animales tienen derecho arecibir atencion medica y cuidados no solo amor. Seamos responsables con nuestras mascotas.

En denuncia.org[13] te dan esta información que considero importante: **Cómo denunciar el maltrato animal**

¿En qué consiste el delito de maltrato animal?

El maltrato es considerado como todo hecho, acto u omisión del ser humano, que puede ocasionar dolor o sufrimiento afectando el bienestar animal, poner en peligro la vida del animal o afectar gravemente su salud, así como la sobreexplotación de su trabajo. Sin embargo, esta definición puede cambiar en cada estado, dependiendo de sus legislaciones locales.

¿Qué es lo primero que tengo que hacer?

Lo primero es analizar si quieres presentar una denuncia de carácter penal o si en tu estado existen opciones para denunciar ante procuradurías o secretarías ambientales o instituciones similares. Aquí te compartimos las instituciones estatales a las que puedes acudir en varios estados, además del Ministerio Público.

---

[13] Se recomienda visitar la página:
https://denuncia.org/guias-por-delito/como-denunciar-maltrato-animal/

Consulta el directorio para denunciar en:

https://denuncia.org/guias-por-delito/como-denunciar-maltrato-animal/

¿Dónde puedo denunciar maltrato animal?

Como se trata de un delito, debes acudir con el Agente del Ministerio Público. Debido a que es un delito especial, algunas Fiscalía y/o Procuradurías pueden contar con oficinas especializadas para recibir, iniciar e integrar la carpeta de investigación correspondiente. Sin embargo, si decides acudir a la más cercana a tu ubicación, deben recibir tu denuncia.

¿Qué tengo que llevar para denunciar?

Para denunciar, solamente debes llevar contigo identificación oficial y una pluma.

Asimismo, si cuentas con la información de la dirección del lugar donde está ocurriendo el delito lleva fotos o videos, los cuales puedes presentar en una memoria usb que no uses o en un cd.

Recuerda que si no tienes esa información no es motivo para que la autoridad no inicie la investigación.

¿Puedo denunciar un delito en línea en mi estado?

Consulta en esta dirección el directorio:

https://denuncia.org/denuncia-digital/-

¿Qué información debo anotar una vez que realice mi denuncia?

- Número de carpeta de investigación que se le asignó a tu caso
- Nombre de la agencia del ministerio público
- Nombre del agente del ministerio público que tomó tu denuncia-

A modo de conclusion

En México, y en muchas partes del mundo, miles de animales sufren hoy una situación de crueldad y maltrato, desde los domésticos maltratados, a veces por sus propios dueños o poseedores, otras por desconocidos, así como los animales que viven y andan en las calles como vagabundos, los cuales carecen de hogar y de quien vele por su seguridad, hasta los que son comercializados de manera ilícita para satisfacción de sus verdugos.

Cada persona en el mundo, puede hacer mucho por los animales, comenzando desde casa.

Por ejemplo, a quien no le ha tocado ver en casa de algún conocido o de un familiar, que el niño o niña de la casa arrastra a la mascota o simplemente le hace daño físico y que al criterio del padre o madre o quienes están a cargo de la educación del niño o niña, simplemente es un "juego".

Imagínense, muchas personas comenzaron haciéndole daño a los animales, en "juego sin importancia" al grado de que el día de hoy, están detrás de las rejas purgando una condena por asesinar o causar lesiones monstruosas a las personas.

Debemos prevenir desde casa, que estas cosas sucedan, no permitamos que nuestros hijos e hijas, sobrinos y sobrinas etc., inicien con juegos crueles como quemar con gasolina a las hormigas, por ejemplo.

La intención de este libro es dar conocer que existe en México un marco jurídico que protege a los animales.

Porque es un hecho decir, mientras más informados estemos como sociedad, podremos exigir el cumplimiento de penas a quienes, por rencor, por odio, por diversión o por el motivo que los mueva, les causen daños a seres tan maravillosos.

Me despido por hoy. Muchas gracias.

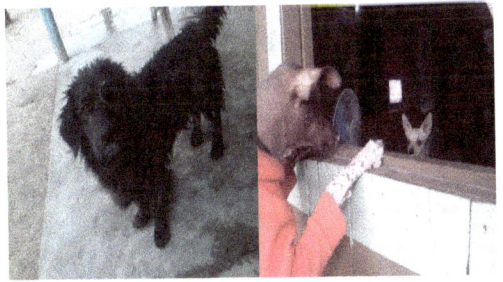

Acerca del autor

Con estudios de licenciatura y maestria en derecho por la Universidad Atónoma de Baja California Sur.

Copyright © 2022 Gabino Ríos

Todos los derechos reservados.

ISBN-13: 979-13: 979-8839944534

www.ingramcontent.com/pod-product-compliance
Lightning Source LLC
Chambersburg PA
CBHW070306220526
45465CB00004B/1772